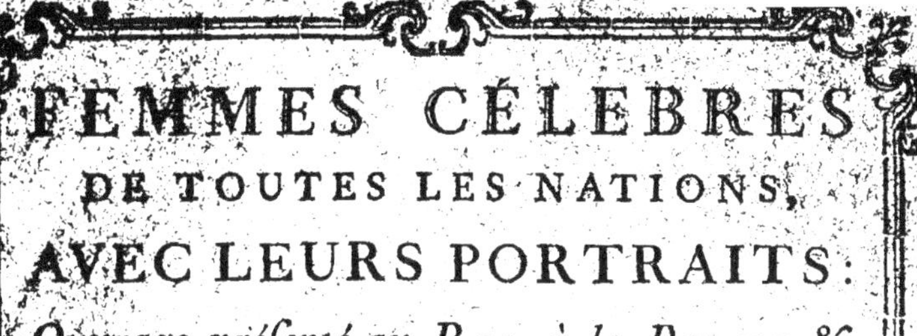

FEMMES CÉLEBRES DE TOUTES LES NATIONS, AVEC LEURS PORTRAITS:

Ouvrage présenté au Roi, *à la* Reine *&c à la Famille Royale.*

> Non! Promethée aux Cieux n'a pas ravi la flame,
> Sans doute il la puisa dans les yeux d'une Femme.

XXIIeme LIVRAISON.

Prix 3 livres, & 4 liv. colorié pour MM. les Souscripteurs; (& 4 liv. & 5 liv. par Numéro *sans souscrire.)*

A PARIS,

Chez M. Ternisien d'Haudricourt, Auteur de cet Ouvrage, rue ~~Saint-Honoré, près celle de Grenelle.~~
Et Gattey, Libraire, au Palais-Royal, N°. 14.

M. DCC. LXXXVIII.

Avec Approbation & Privilége du Roi.

Dessiné et gravé par Allais

LAMIA COURTISANE GRECQUE

GALERIE

UNIVERSELLE.

LAMIA.

Cléanor, joueur de flûtes & citoyen d'Athènes, fut père de la fameuse Lamia. Il l'instruisit dans son art, auquel elle se trouva tant de disposition, qu'elle devint en peu de temps une excellente Musicienne, soit pour sa manière de chanter, ou son adresse à toucher les instrumens. Sa beauté eut un tel éclat dès son enfance, & son esprit tant d'agrémens & tant de vivacité, que les plus insensibles aux charmes de la Musique, ne le furent pas au brillant de ses yeux, ni à la douceur de sa conversation;

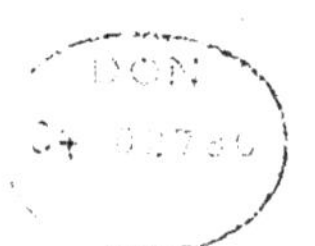

les cœurs volèrent au devant de ses traits. On joignit les présens aux soupirs, & comme elle étoit ambitieuse & galante, elle se laissa persuader que tout étoit permis pour éviter la pauvreté, & exerça publiquement le métier de Courtisane.

Ptolomée, qui lié d'intérêt avec Cassander, avoit ôté la liberté à une partie de la Grèce, & sur-tout au pays d'Attique; Ptolomée, dis-je, prit Lamia auprès de lui; mais soit qu'il n'eût pas d'inclination pour elle, ou qu'il eût de l'amour pour une autre, elle fut plus souvent admise à ses festins comme Musicienne, que dans son cabinet comme Maîtresse.

Lorsque Démetrius, surnommé Poliorcetes ou preneur de villes, conquit le Royaume de Cypre, & défit la flotte de Ptolomée, Lamia se trouva dans un des vaisseaux qui se rendirent au vainqueur. Elle n'étoit plus dans cet âge qui éblouit; Plutarque dit même qu'elle n'étoit plus jeune: mais sa beauté étoit infiniment touchante, & son esprit avoit mille charmes. Démetrius n'avoit pas vingt ans; il étoit beau & gracieux, son air étoit majestueux, galant & noble, & sa valeur admirée ou redoutée des plus grands Capitaines. De deux femmes qu'il avoit alors, l'une veuve de Crater, avoit une ame & une vertu digne de ſon rang; l'autre, du noble ſang de Miltiade, étoit jeune, belle, ſpirituelle: cependant, par un de ces caprices, dont il faut demander compte au deſtin, Démetrius fut inſenſible pour elle; & s'il avoit goûté de tous les plaiſirs, ſon cœur ignoroit encore celui d'être véritablement touché.

Il eſt à propos de dire en cet endroit quelques mots de ce Prince, qui puiſſent en donner une juſte idée, puiſque c'eſt à lui que Lamia doit tout ſon éclat.

Démetrius étoit fils d'Antigonus, un des ſucceſſeurs d'Alexandre. Il avoit pour lui une tendreſſe plus convenable à un ami qu'à un père; & ce père trouvant mille charmes dans la perſonne & dans l'eſprit de ſon fils, donna peut-être lieu, par un peu trop de condeſcendance, au déréglement de mœurs qu'on reprocha depuis à ce Prince, d'ailleurs grand & recommandable par mille actions illuſtres.

Jamais on n'aima tant les plaiſirs qu'il les aima. Aucun ne pouvoit échapper à ſa curioſité ou à ſes deſirs; ceux de la table l'occupoient ſouvent pluſieurs jours. Ce fut après une de ces débauches qu'ayant fait dire à Antigonus, qu'il étoit retenu par un grand rhume, ce tendre père courut l'embraſſer dans ſon lit, & lui dit en riant, ce rhume, mon cher fils, eſt-il de Thaſos ou de Chios? Comme qui diroit à préſent eſt-il de Champagne ou de Bourgogne?

Une autre fois Antigonus donnoit audience à des Ambaſſadeurs : Démetrius arrivant de la chaſſe, ſes javelots tous ſanglans à la main, courut embraſſer ſon père & prendre place ſur ſon trône, ſans s'embarraſſer de troubler une ſi grave cérémonie. Vous direz à votre Maître, dit Antigonus aux Ambaſſadeurs, en rendant les careſſes à Démetrius, que c'eſt ainſi que nous vivons mon fils & moi.

Antigonus donna, en mille autres occaſions, des preuves de la complaiſance qu'il avoit pour un fils ſi aimable, & Démetrius, sûr de plaire & d'être excuſé, n'y donnoit lieu que trop ſouvent : mais il faut dire, à la gloire de ce Prince, que cette prodigieuſe pente qu'il avoit vers la volupté, ne le détournoit point de ſon devoir pendant les travaux de la guerre : il y étoit un autre homme, appliqué, ſobre, continent. Il égaloit alors les plus vaillans & les plus ſages Capitaines.

Il fit auſſi connoître la bonté de ſon cœur dans une action aſſez délicate. Entre tous ſes amis qu'il admettoit à ſes divertiſſemens, Mitridate occupoit la première place ; il étoit de tous ſes plaiſirs, il avoit ſon entière confidence, nul autre ne balançoit dans ſon cœur. Un ſonge d'Antigonus vint troubler une ſi douce union, & lui rendit Mitridate ſi ſuſpect & ſi odieux, qu'il réſolut de le faire mourir. Il en confia le deſſein à Démetrius, ſur le ſerment qu'il en exigea, de ne point trahir ſon ſecret : mais le Prince, peu ſuſceptible de ces foibleſſes qu'un ſonge frivole inſpire, n'eut garde de laiſſer périr ſon ami ; & pour ne point violer ſon ſerment, il ſe contenta d'écrire à terre avec la pointe d'un javelot, Fuy Mitridate. Cet ordre ſi précis, & donné d'une manière ſi ſingulière, ne permit pas à Mitridate de s'informer du motif. Il ſe ſauva en Capadoce, & fonda le Royaume de Pont, & fut un des prédéceſſeurs de ce fameux Mitridate, qui balança quarante ans la puiſſance des Romains.

Démetrius fit ſes premières armes contre Ptolomée : Antigonus lui confia cette importante expédition dans une très-grande jeuneſſe. Il partit avec la joie d'un jeune Prince ambitieux & brave ; mais la témérité n'eſt pas toujours heureuſe. Il avoit affaire à un vieux Capitaine, qui ſut profiter de ſes avantages, & qui le vainquit en bataille rangée : il eſt vrai que Ptolomée usa bien de sa victoire. Charmé de la valeur de Démetrius, il lui renvoya les prisonniers & le bagage, avec des paroles pleines de civilité ; action qui toucha de telle sorte Démetrius, qu'il jura dès-lors de la reconnoître.

La voie qu'il prit pour y parvenir, fut de demander de nouvelles troupes à son père ; & celui-ci, plus ravi du courage de son fils qu'affligé de sa défaite, ne refusa point de lui fournir le renfort qu'il souhaitoit ; aussi ne fut-il point déçu. La fortune favorisa si bien les glorieux projets de Démetrius, qu'il remporta non-seulement une victoire complette, mais qu'il fit encore des prises assez considérables, pour rendre avec usure à Ptolomée, ce que ce Roi avoit fait en sa faveur.

Peu de temps après, Antigonus & son fils entreprirent de délivrer la Grèce, qui gémissoit sous l'oppression de Ptolomée & de Cassander. Ils firent équiper une flotte qui n'avoit point encore eu sa pareille. Démetrius fut l'ordonnateur de la construction des vaisseaux. Cette fameuse galère, à seize rangs de rames, fut en partie faite de ses mains, & c'est pour cela que Plutarque dit, parlant de ce Prince : Le plus artiste de ceux qui ont régné, que ses ouvrages avoient une majesté qui sentoit le Roi.

Les Athéniens, abatus par leur malheur, frémirent en voyant de leur Port la mer couverte de vaiſſeaux : mais ayant ſçu le deſſein de Démetrius, le Pirée retentit de cris de joie ; les noms de ſauveur, de libérateur, de Roi, de protecteur des malheureux, furent prodigués à notre Héros. On lui décerna des honneurs que jamais mortel n'avoit reçus dans la ſuperbe Athènes. Non content de l'avoir initié aux plus ſecrets myſtères de leurs Dieux, ils lui rendirent le même culte qu'à Bacchus.

Démetrius rendit en peu de temps la liberté au pays Attique, & remplit dignement les grandes eſpérances de ce peuple. La beauté, la jeuneſſe de ce vainqueur, ſa clémence, ſon eſprit, ſa valeur brillante, tout lui aſſujettit les volontés & les cœurs des Athéniens, & le lièrent à lui par des chaînes qui devoient être indiſſolubles.

Après avoir bien affermi ſa victoire & rétabli la démocratie dans Athènes, Démetrius, toujours avide de gloire & de réputation, ſe rembarqua pour aller encore combattre Ptolomée; & ſa valeur fut ſi bien ſecondée de la fortune, qu'il conquit le Royaume de Cypre. Il fit ſeize mille priſonniers, & prit des vaiſſeaux chargés de richeſſes infinies. Un avantage ſi complet fut couronné par sa clémence. Il renvoya ces prisonniers sans rançon, distribua le butin à son armée, & se fit admirer de ses plus grands ennemis.

Aristodemus, grand Capitaine, qui avoit été témoin de tant de merveilles, en alla porter la nouvelle à Antigonus; & pour ajouter à des actions si éclatantes le charme de la surprise, il affecta un air grave & sérieux en abordant à la Ville où étoit ce Prince. Ce rafinement de zèle pensa être funeste à Antigonus. Ses sujets effrayés firent passer jusqu'à lui la consternation qui paroissoit sur le visage d'Aristodemus. Il en frémit de crainte, & faillit à mourir de joie, lorsque s'entendant nommer Roi par ce Capitaine, il apprit de sa bouche les nouveaux exploits & la magnanimité de son fils.

On passe légèrement sur des faits que Plutarque a rapportés avec une éloquence si pleine de grace, qu'il y auroit même de la témérité à les répéter, s'il n'étoit besoin de donner quelqu'ordre à ce discours.

On a déjà dit que Lamia se trouva dans les vaisseaux de Ptolomée, qui tombèrent entre les mains de Démetrius, & que cette captive donna des chaînes à son vainqueur. Elle fut toutefois d'abord confondue dans la foule des autres femmes, & le Prince n'avoit pas

pas encore jetté ſes regards ſur elle, lorſque donnant un ſuperbe feſtin, on l'introduiſit dans la ſalle comme la meilleure Muſicienne, & la plus excellente baladine de ſon temps.

Lamia danſa avec tant de juſteſſe, ſa voix parut ſi touchante & les accords de ſa lyre ſi merveilleux, que tous les courtiſans lui prodiguèrent les louanges qu'elle méritoit. Les maîtreſſes de Démetrius, qui étoient ſans contredit les plus belles femmes de la Grèce, ayant voulu paroître avec éclat dans une fête qu'il avoit ordonnée pour elles, avoient joint le brillant des pierreries & la ſomptuoſité des habits à leurs charmes naturels : mais malgré la confiance que donne la beauté, il parut du dépit dans leurs yeux, des applaudiſſemens que reçut Lamia, & elles s'en vengèrent en lui refuſant les leurs.

Démetrius, attentif à conſidérer Lamia, ſentit élever un trouble dans ſon cœur qui lui étoit inconnu, & qui lui fit garder quelque temps le ſilence; mais à la fin n'étant plus maître de ces mouvemens qui lui paroiſſoient ſi doux, il s'écria : O Lamia ! Sont-ce les graces qui vous ont formées? Quelle fatalité, contraire à mes plaiſirs, vous a juſqu'ici dérobée à mes regards? Venez vous placer près de moi, charmante Lamia, & prenez part à une fête qui n'auroit rien eu d'aimable sans vous. A ces mots Démetrius la fit venir près de lui, & en lui donnant de ces louanges délicates, dont les femmes font leurs délices & nourrissent leur vanité, il lui servit de sa main les mets & les vins les plus exquis. Damo, la plus jeune & la plus aimée des maîtresses de ce Prince, ne put soutenir une préférence qui blessoit son orgueil. Seigneur, lui dit-elle, en le regardant d'un air amer & ironique, souvenez-vous que la nouveauté & la jeunesse sont deux choses fort différentes. Cela peut être, reprit Démetrius, qui sentit la malice de ce discours; mais rien ne manque à ce qui plaît. Ah Seigneur! repliqua Damo, ne faut-il que de l'art & de l'expérience pour arriver à votre cœur. Il faut de l'esprit, reprit brusquement Démetrius; il faut des graces, il faut enfin ce que possède Lamia pour exciter en moi ce trouble plein de charmes que jamais personne ne m'avoit fait sentir. La fière Damo ne put arrêter quelques larmes que le dépit lui arracha quand elle entendit parler ainsi Démetrius; mais tout occupé de l'aimable Lamia, ou il n'y prit pas garde, ou il ne daigna pas les arrêter. Les jeunes personnes font souvent sonner trop haut un mérite qui diminue tous les jours, & dont il ne reste que le regret de ne le plus posséder. Si Lamia avoit quelques années de plus que Damo, elle avoit en récompense des charmes plus durables, & dont les effets sont plus certains : cependant se voyant un si bon défenseur, elle ne se mêla point à cette conversation; mais ses regards dont elle sçavoit ménager tous les mouvemens, rendirent mille graces à Démetrius, de la préférence qu'il lui donnoit.

Après cela Damo n'osant plus parler, Lamia comblée de gloire d'une si illustre conquête, dit mille choses spirituelles qui achevèrent son triomphe; & la joie ajouta de telle sorte à la vivacité naturelle de son esprit, & à celle de ses yeux, qu'elle rendit à toute sa personne cet air de jeunesse qui commençoit à lui manquer. La jalousie de Damo augmentoit à tous les momens. Ces sortes de festins durant d'ordinaire bien avant dans la nuit, elle ne put soutenir jusqu'à la fin la vue de sa rivale & de son infortune; & sortant outrée de douleur, elle laissa Lamia maîtresse du champ de bataille. Les autres maîtresses de Démetrius, dès long-temps irritées contre Damo qui faisoit trop de bruit de ce qu'elle croyoit valoir, ne furent point fâchées de cette mortification, dans l'espérance que le nouveau règne feroit court; mais leur jugement ne fut pas jufte.

La paſſion de Démetrius prit de ſi profondes racines dès ſon commencement, que la ſpirituelle Lamia ne s'y méprenant pas, elle ne lui laiſſa guères pouſſer de ſoupirs inutiles. Preſqu'auſſi-tôt favoriſé qu'amoureux, il eut beſoin de trouver dans l'eſprit & dans la vivacité de cette femme, de quoi ſe dédommager de ce que la réſiſtance a de piquant & d'agréable. Il eſt vrai que ſon entretien ayant mille charmes, & ſa perſonne des agrémens infinis, ſoutenus de ces manières engageantes, & de cette imagination vive, légère & enjouée qui ne laiſſe jamais languir la converſation, Démetrius prit une paſſion ſi durable pour elle, que Plutarque dit en propres termes : Démetrius, adoré de toutes les femmes, n'adora jamais que la ſeule Lamia.

Ce Héros couvert de gloire par mille fameux exploits, plus touché de la conquête de Lamia, que de celle du Royaume de Cypre, parut plus grand & plus aimable, depuis que ſon cœur fut ſenſible : car qui ne ſçait que l'amour joint je ne ſçai quelle douceur aux graces naturelles, qui les fait briller davantage ?

Les Athéniens, ingénieux dans leurs flatteries, en inventoient tous les jours de nouvelles, en faveur de leur libérateur. Ils firent peindre ſon image avec celle de Jupiter, ſur la banière qu'on portoit aux fêtes ſolemnelles ; & pour s'aſſurer de plus en plus ſa protection, ils changèrent le nom du mois de Janvier en celui de Démetrien, & logèrent ce Prince dans le propre temple de Minerve, comme étant le plus ſuperbe édifice de cette grande Ville.

Démetrius ayant une imagination vive & emportée ſur les plaiſirs, profita du repos qu'il s'étoit acquis par ſes victoires. Le temple de la chaſte Déeſſe fut le Théâtre de ſes voluptés. Il en goûta de toutes les eſpèces que le déréglement a inventé : ſa paſſion pour Lamia ne put l'empêcher de s'abandonner à des débauches qui faiſoient murmurer les ſages, & qui autoriſoient les vicieux. Peu de belles perſonnes lui échappèrent, & peu de gens ont pouſſé les emportemens de la table auſſi loin que lui ; mais il ne borna pas là ſes déréglemens, & l'Hiſtoire, toute majeſtueuſe qu'elle eſt, en fait une peinture terrible, qu'on n'oſeroit copier ici.

Il eſt à croire que Lamia n'étoit pas inſenſible à tant d'infidélité ; mais elle avoit un eſprit ſouple qui l'en faisoit plaindre si doucement, que sans déroger aux droits de la délicatesse, elle ne fatigua jamais Démetrius de ces jalousies & de ses fureurs, qui rebutent les amans plutôt qu'elles ne les rappellent: aussi lui revint-il toujours avec tout l'empressement & toute la soumission que donne le tort à un cœur qui se repent.

Un jour que Démetrius avoit célébré une orgie avec ses amis & ses maîtresses, Lamia prit une Lyre, & en tira des sons, qui, accompagnés de sa voix divine, rendoient croyables toutes les merveilles qu'on attribue à Orphée & à Amphion; puis jouant de la flûte avec une tendresse qui alloit au cœur, Démetrius tout éperdu d'amour & d'admiration, & oubliant la jalousie de Damo, lui demanda ce qui lui sembloit d'une femme si aimable : Je pense, reprit fièrement Damo, que c'est une joueuse de flûte. Il est vrai, répliqua Démetrius, qu'elle joue de la flûte; mais ce n'est qu'un mérite de plus en elle, & tout ce qu'elle fait a un charme inexpliquable, qui retient pour jamais les Esclaves qui ont une fois porté ses fers. Cela fait voir la bisarrerie des hommes, répliqua Damo, & la fatalité de l'étoile. Damo a raison, interrompit Lamia, je suis moins jeune & moins belle qu'elle ; mais vous m'aimez, Seigneur, ajouta-t-elle, en s'adreſſant à Démetrius, & en lui jettant un regard plein d'amour, vous m'aimez, me préſerve le Ciel d'envier des charmes qui n'ont pu parvenir à ce haut degré de gloire où votre bonté m'a fait arriver. Cette réponſe plut infiniment à Démetrius, & déconcerta de ſorte Damo, que toute ſa préſomption ne put lui fournir de replique.

Les autres maîtreſſes du Prince ſe rallièrent avec Damo, auparavant leur plus redoutable concurrente ; mais elles n'y gagnèrent que des conférences qui ne produiſirent rien, des projets de vengeance qui s'en alloient en fumée, & une rage qu'elles nourriſſoient d'autant plus que chacune d'elles inſpiroit ſa ſorte de jalouſie aux autres. Damo toutefois trouva un moyen de jetter des ſoupçons contre Lamia dans l'ame de Démetrius, & voici comme la choſe arriva.

Ce Prince obligé de partir pour une expédition guerrière, fit les plus tendres adieux du monde à Lamia, & la comblant de préſens, l'aſſura d'un prompt retour : Partagez la douleur que me cauſe notre ſéparation, ma chère Lamia, lui dit-il ; mais conſolez-vous par l'eſpérance de me revoir plus amoureux que jamais ; goûtez, en attendant, les innocens plaiſirs de la mufique; j'ai ordonné à Théodore de vous voir fouvent.

Ce Théodore étoit un jeune Athénien, beau comme le jour, d'une humeur agréable, & qui jouoit de la Lyre comme Orphée; il fentoit un penchant extrême pour Lamia, & réfolut de ne point obéir à un ordre fi dangereux : le refpect qu'il avoit pour Démetrius, lui fit éviter les occafions de devenir fon rival, il lui falloit tous les efforts de fa raifon pour fuir un piége fi doux. Il eut plufieurs fois à foutenir les follicitations que Lamia lui fit faire de l'aller vifiter; c'eft ce qui a fait dire à plufieurs Hiftoriens, que Théodore n'avoit pas répondu aux avances de Lamia; mais il étoit bien loin de la froideur qu'on lui attribue, & cette femme avoit trop d'intérêt à ménager Démetrius, pour être foupçonnée d'une conduite qui l'auroit pu perdre auprès de lui.

Elle partageoit fes journées pendant l'abfence de fon amant, entre les foins de l'éducation d'une petite fille qu'elle en avoit eue, & ceux de cultiver les avantages qu'elle avoit reçus de la nature, & que l'art avoit fi bien perfectionnés. Quelquefois elle alloit fe promener dans des lieux folitaires; elle y rencontra un jour Théodore, à qui elle fit la guerre de n'avoir n'avoir pas obéi au commandement de Démetrius. Le jeune homme s'excuſa d'un air embarraſſé, & n'étant plus maître des mouvemens rapides qui l'entraînoient vers elle, il l'alla voir dès le lendemain, & y retourna enſuite tous les jours.

Ils chantoient & jouoient de la Lyre enſemble; ſouvent ſurpris de leur ſcience mutuelle, Théodore laiſſoit échapper des louanges qui ſentoient plus l'amour que l'admiration ordinaire; & Lamia, toute occupée de la grandeur qui l'environnoit, ne faiſoit pas l'honneur à Théodore de garder des meſures dans ſes applaudiſſemens, ni de prendre garde aux aſſiduités de ce jeune homme. Lui, de ſa part, ſe laiſſant ſéduire par les apparences, ſentit inſenſiblement pénétrer tout ſon cœur par cet aimable poiſon qui s'inſinue d'une manière ſi flatteuſe, & que l'eſpérance rend ſouvent funeſte.

Au commencement, Théodore goûtoit des raviſſemens incroyables. Voir Lamia ſuffiſoit à ſa félicité; mais quand ſa paſſion eut pris de nouvelles forces, il enviſagea mille autres choſes à deſirer, où il lui parut difficile de parvenir: cependant, tranſporté d'amour, il chantoit les louanges de Lamia dans tous les lieux où ſes inquiétudes le conduiſoient. Quelquefois fur les bords de la mer, il faifoit retentir les échos du nom de celle qu'il adoroit : d'autrefois s'oubliant en préfence des maîtreffes de Démetrius, il parloit de Lamia comme d'une Divinité. La jeune Damo fentant à ce nom réveiller fes jaloufies, penfa avoir trouvé le fecret d'opprimer fa rivale. Elle fortifia Théodore dans fon amour, & augmenta fon efpoir. Il étoit jeune, un peu emporté; le fouvenir du premier état de Lamia, que Damo ne lui laiffa pas oublier; les confeils empoifonnés qu'elle lui donna, &, plus que tout cela, l'amour qui eft le plus dangereux de tous les féducteurs, lui fit prendre affez de hardieffe pour le réfoudre à fe déclarer.

Il partit en effet à ce deffein; mais la vue de l'objet aimé impofe du refpect; les paroles lui moururent dans la bouche, fa témérité s'évanouit; loin de chercher à s'exprimer, il ne fongea qu'à fe taire. Ce fut tout fon foin pendant quelque temps; mais ce refpect n'a qu'une certaine mefure, il faut qu'il cède enfin à la même paffion qu'il l'a fait naître.

Lamia venant un jour de recevoir des nouvelles de Démetrius, avoit l'efprit dans une affiette tendre & languiffante; fes yeux fe portèrent, fans y penfer, avec tant de douceur fur Théodore, que malgré le vif déſeſpoir qu'il eut de devoir à ſon rival une diſpoſition qui lui parut ſi favorable, il réſolut d'en profiter; mais l'image de ce rival, ſa puiſſance, ſa grandeur, frappant ſon imagination tout-à-coup, il garda quelque temps un profond ſilence, puis prenant une Lyre qui étoit ſur le pied d'un lit où Lamia ſe repoſoit, il chanta les paroles qui ſuivent, ſur l'air du monde le plus paſſionné.

Je brûle d'une ardeur que rien ne peut éteindre.
Charmante Lamia, je meurs!
Pour le cacher, j'ai voulu me contraindre;
Mais il m'en coûte trop à feindre;
Voyez mes yeux baignés de pleurs,
Duſſiez-vous m'accabler de toutes vos rigueurs,
Je brûle d'une ardeur que rien ne peut éteindre
Charmante Lamia, je meurs!

Lamia écouta tranquillement une déclaration que les regards de Théodore ne confirmoient que trop. D'où vient, lui dit-elle, avec un ſang froid tout propre à déſeſpérer, que vous avez mis le nom de Lamia dans ces paroles? C'eſt, reprit le paſſionné Théodore, en ſe jettant à ſes pieds, c'eſt parce que je vous adore. Théodore, répondit Lamia, je vous pardonne un jeu que vous faites fans doute pour répondre à l'idée qu'eut Démetrius, en vous ordonnant de me divertir en fon abfence; mais.... Ah! interrompit-il, je n'avois pas oublié fon bonheur & mon infortune, hélas! avec quel mépris recevez-vous l'aveu de mon audace! Les intérêts de ce Démetrius qui fait tous mes maux, ne peuvent même vous caufer la moindre altération ; je me vois également incapable de vous plaire & de vous offenfer, & le malheureux Théodore n'eft pas digne de rendre Démetrius jaloux.

Ce tranfport ne déplut peut-être point à Lamia ; il eft peu de femmes qui s'offenfent d'être aimées, & fur-tout une courtifane ne prend pas ces chofes-là à la rigueur; mais celle-ci avoit fa fortune à ménager, & un amant couronné & aimable à fatisfaire, fa réponfe fut fage & modérée : elle y mêla tant de dignité, que Théodore confus, la regarda dans ce moment comme il auroit pu faire une des Reines, femme de Démetrius ; & mourant de douleur & de honte, il courut reprocher à Damo les funeftes confeils qu'elle lui avoit donnés ; mais cette femme vindicative, ne voulant pas perdre le fruit de fes artifices, trouva moyen de faire fçavoir l'amour de Théodore à Démetrius, & de ſuppoſer la reconnoiſſance de Lamia.

Une célèbre victoire que Démetrius venoit de remporter dans le Péloponèſe, ne put adoucir l'affliction piquante que lui cauſa cette malicieuſe nouvelle. L'idée de Lamia infidèle, lui rendoit la vie inſupportable, & toutes les adorations dont les Athéniens honoroient ſon retour, ne purent diſſiper l'âpreté de ſa jalouſie; il ne put cependant ſe refuſer le plaiſir d'aller confondre celle qu'il accuſoit. Il la trouva dans les premiers tranſports de joie que lui cauſoient ſa nouvelle gloire & ſon retour; mais que devint-elle quand elle entendit les reproches de perfidie dont il l'accabla, & dont elle n'étoit point coupable? Vous m'accuſez, mon cher Prince, lui dit-elle, & vous m'accuſez d'un choix auſſi bas, quand je poſsède votre cœur? Quand je vous adore, quand.... Ah, Lamia, Lamia! interrompit Démetrius, je ne veux point vous entendre : je connois ma foibleſſe & le pouvoir que vous avez ſur moi. Méritois-je d'être trahi? Mais, Seigneur, reprit-elle. Non, encore une fois, dit le Prince affligé, je ne veux point vous écouter, c'eſt Théodore, c'eſt l'indigne rival que vous me préférez que je veux voir, que je veux confondre. Qu'on m'aille chercher Théodore, ajouta-t-il en levant les yeux au Ciel, & qu'on ne me donne pas le temps d'amoindrir ma fureur par les paroles & par les regards de Lamia.

On lui amena en effet Théodore bientôt après. Démetrius commença par lui faire mille menaces, s'il ne lui déclaroit la vérité. Il ne faut point de violence, dit-il alors, pour me faire avouer mon crime & mon infortune. Vous voyez, Seigneur, un miférable que l'amour a rendu votre rival; c'eft vous qui m'avez précipité dans l'abîme où je fuis. Vous m'ordonnâtes de voir Lamia, je ne vous ai que trop obéi, je l'ai vue, & je l'ai adorée. Damo m'a fait efpérer d'être aimé; le trifte fuccès de tant d'amour, devroit fuffire à en expier la faute; mais quelques fupplices que vous imaginiez, vous ne pouvez m'en faire fouffrir d'auffi cruels que ceux où ma paffion m'expofe tous les jours.

Démetrius écoutoit avidemment un difcours qui, en juftifiant Lamia, remettoit le calme dans fon cœur; & comme il étoit porté à la clémence, il ne voulut pas punir une audace qu'il ne pouvoit condamner. Va, malheureux Théodore, lui dit-il, va, tu ne peux en effet endurer des tourmens qui égalent celui d'aimer Lamia, & de n'en être point aimé ; mais pour punir ta témérité d'avoir levé les yeux ſur elle, je t'ordonne d'être ſouvent témoin de nos entretiens.

A ces mots Démetrius approchant ſa joue de celle de Lamia, recueillit amoureuſement les larmes qui couloient en abondance de ſes yeux, & lui demanda de ſi tendres pardons de l'avoir ſoupçonnée, que Théodore achevant de perdre patience, fit un cris douloureux à ce ſpectacle, & courant avec précipitation vers la porte, dit à Démetrius : Roi barbare, il n'y a point de bourreaux ſi cruels que toi. L'excès de cette paſſion trouva de la pitié dans l'ame de Démetrius ; il fit délivrer une ſomme conſidérable à Théodore, & lui permit d'aller chercher du repos dans une terre étrangère, où le nom de Lamia fût même inconnu. Pour Damo, ce Prince n'en tira d'autre vengeance que celle de lui préférer toujours ſa rivale.

Il arriva en ce temps-là un incident d'amour, dont le ſévère Aréopage prit connoiſſance. Un jeune citoyen devint paſſionné d'une belle courtiſane qui crut ne pouvoir mettre ſes faveurs à trop haut prix, pour un homme éperdu d'amour ; mais malheureuſement la fortune de cet amant, ne suffisoit pas à les payer; il n'étoit pourtant occupé que des moyens de composer la somme qu'elle lui avoit demandée; héritages, meubles, tout étoit en vente, & rien ne se vendoit assez pour parvenir au but de ses desirs. Il commençoit à en désespérer, lorsqu'un songe favorable le rendit possesseur de son intéressée Maîtresse, & le guérit de son amour.

Son avanture lui parut plaisante, il la conta à ses amis; ceux-ci la rendirent à la Courtisane. Cette femme présenta sa plainte pour demander le salaire de ses faveurs. Les Aréopagites informés de la gravité de la cause, opinèrent majestueusement que le jeune homme feroit entendre à la Courtisane le son de l'argent qu'elle lui avoit demandé, & cela fut exécuté exactement.

Un Arrêt si juridique ne fut pas approuvé de Lamia; elle y trouva une grande lésion pour la Courtisane; car, disoit-elle, le jeune homme est content, puisqu'il ne demande plus rien; mais cette femme n'ayant eu qu'un son pour tout dédommagement, en sentit augmenter ses desirs, sans les pouvoir satisfaire.

Démetrius prenoit plaisir au tour libre & badin de l'esprit

l'eſprit de Lamia, & il ordonna qu'on remît à ſon jugement les cauſes de cette eſpèce. Son amour prenoit chaque jour de nouvelles forces. On le voyoit ſouvent la Couronne ſur la tête, le manteau Royal ſur les épaules, entrer chez ſon heureuſe maîtreſſe, & la mener ainſi pompeuſement aux divers ſpectacles qu'il donnoit au peuple, ou que le peuple lui donnoit : les plaiſirs ſe ſuccédoient les uns aux autres, le Théâtre étoit tous les jours occupé par la repréſentation de ces merveilleuſes pièces d'Euripide, de Sophocle, & de tant de fameux Poëtes tragiques qui ſont encore aujourd'hui notre admiration, & que nos plus illuſtres Ecrivains tâchent d'imiter ou de traduire.

Lamia en connoiſſoit toutes les beautés; ſon approbation étoit recherchée avec ſoin, & ſa gloire étoit montée à un tel degré, que les Athéniens lui élevèrent un Temple dans leur Ville, où l'encens fumoit plus ſouvent que ſur les Autels de leurs Divinités. Démetrius goûtoit un plaiſir ſenſible des honneurs que l'on rendoit à ſa maîtreſſe ; mais pour y joindre quelque choſe de plus ſolide, il obligea le peuple à lui donner deux cents cinquante talens pour ſatisfaire à ſes exceſſives dépenſes. Cette ſomme leur parut ſi conſidérable, qu'ils en murmurèrent en ſecret ; & portés comme ils étoient à chercher du merveilleux à tout, ils allèrent ſe figurer que le nom de Lamia ſignifiant une Fée, elle étoit Fée effectivement. Les plus fins ne donnoient pas dans cette abſurdité ; mais tous ayant été témoins des légèretés de Démetrius, regardoient avec étonnement l'attachement prodigieux & le reſpect infini qu'il avoit pour une femme dont la conduite précédente n'avoit pas mérité de tels ſentimens.

Démetrius ayant envoyé des Ambaſſadeurs à Lyſimacus, ce Roi leur fit voir les cicatrices des bleſſures qu'il avoit reçues dans ce fameux combat qu'Alexandre le contraignit de faire contre un Lion. Les Ambaſſadeurs lui dirent en riant que leur Maître faiſoit gloire de porter à ſon col les marques des morſures d'une plus dangereuſe bête nommée, Lamia.

Malgré les traits de ſatyres que l'hiſtoire lance à Démetrius ſur ſon attachement pour Lamia, les Auteurs s'accordent à convenir que cette femme avoit mille graces. Son eſprit étoit fin, délicat & ſolide; ſa perſonne avoit encore de puiſſans appas, & le charme de ſa converſation faiſoit oublier ce qui lui manquoit de cette fleur brillante que la jeunesse donne, & que si peu de chose ternit.

Toujours comblée de présens & de richesses, elle les recevoit d'un air noble & désintéressé, qui persuadoit à Démetrius que sa main seule y mettoit le prix. Elle répandoit avec profusion l'or qui lui étoit prodigué ; sa politique lui en fit employer une partie à construire un superbe portique à Scyone, & cette libéralité lui attira beaucoup de louanges des Grecs, grands amateurs des monumens publics.

Lamia, dont l'esprit étoit aussi ingénieux que son humeur étoit magnifique, donna un festin célèbre à Démetrius, pour lequel elle exigea des contributions d'Athènes. Tout ce que l'imagination peut inventer, tout ce que la volupté & la molesse peuvent desirer: tout cela se rencontra dans ce repas, dont l'ordre, l'abondance & les plaisirs furent variés avec tant d'art, qu'un Auteur de ce temps-là composa un livre qui ne contenoit que ce qui s'y étoit passé.

Démetrius cependant ne négligeoit aucune occasion de cueillir de nouveaux lauriers. Jamais destinée ne fut si diverse que la sienne ; tantôt au comble de la fortune, tantôt dans un abîme de malheur, il assujettissoit des Royaumes que le sort des armes lui enlevoit bientôt après : il remportoit de grandes victoires sur ses ennemis, & en étoit quelquefois vaincu à son tour; mais toujours ferme à soutenir tant d'événemens, ingénieux à chercher des ressources, heureux à n'en jamais manquer; son courage, son père, ses amis, tout le servoit au besoin. Vainqueur de la Thessalie & de la Macédoine, il se vit enlever ces deux Provinces sans en paroître moins grand. Il prit plusieurs fois Thèbes, & plusieurs fois elle lui fut reprise. Une destinée si orageuse ne put jamais l'abattre ni le distraire de l'amour qu'il avoit pour Lamia, & cette femme lui sembloit nécessaire dans tous les états de sa vie. C'étoit sa consolation dans ses traverses, & une augmentation considérable à sa joie quand ses succès étoient heureux. Le Temple que les Thébains avoient consacré à cette heureuse maîtresse sous le nom de Vénus Lamia, subsista au milieu des fureurs de la guerre, & apprit à la postérité à quel excès l'adulation des hommes a pu se porter.

Démetrius reçut un jour un Ambassadeur de Lacédémone, qui n'avoit ni collègue ni suite. D'où vient, lui dit le Prince, que le Roi votre maître vous envoie seul ? Le Lacédémonien répondit à un seul, voulant dire en son style laconique, qu'il ne falloit qu'un homme pour un homme. Cette réponse lui ayant plu, il la rendit à Lamia qui la trouva digne d'un Lacédémonien ; mais, mon cher Démetrius, lui dit-elle en se reprenant, il a donc appris que nous ne sommes qu'un vous & moi. Je ne sçais, repliqua-t-il, enchanté de ce petit trait ; mais je sçais bien que je ne veux jamais me séparer de vous.

En effet, ce Roi partant pour une guerre que lui faisoient tous les successeurs d'Alexandre, enmena sa maîtresse, & n'en fut pas moins formidable contre les Princes ligués; mais le sort des armes est journalier, il fallut céder au nombre. Démetrius, selon sa coutume, en fut irrité contre la fortune sans en être abattu ; mille moyens de se venger se présentèrent à son imagination, & faisant prendre à ses vaisseaux la route d'Ephèse, il alla s'y rafraîchir quelques jours. Les habitans informés de sa défaite & du peu d'argent qui lui restoit, craignirent d'abord pour les richesses du Temple de Diane; mais Démetrius donna de si bons ordres, & ils furent si bien observés, que la sûreté publique ne fut point attaquée.

Peu de temps après, il fit voile vers Athènes, avec une entière confiance en l'amitié de ces peuples, & sans doute leur libérateur la pouvoit avoir ; mais ces ingrats lui envoyèrent des Ambaſſadeurs aux Iſles Ciclades, pour le ſupplier de ne point entreprendre d'aborder chez eux, & pour lui dire qu'ils avoient juré de défendre à tous les Rois l'entrée de leur Port. Un procédé ſi indigne & ſi peu attendu, excita la colère de notre Héros, dont le malheur augmentoit la fierté; mais ſe trouvant pour lors dans la néceſſité de diſſimuler, il remit à une autre ſaiſon la vengeance de cette injure, & chercha dans l'entretien de Lamia une conſolation qu'elle ſeule pouvoit lui donner.

Il fit cependant voguer vers le Péloponèſe, ſongeant aux moyens de relever ſa fortune ébranlée. Un jour qu'aſſis aux pieds de Lamia, elle tenoit ſa tête ſur ſes genoux, il lui dit : Ma chère Lamia, le deſtin ſe laſſe de me favoriſer, j'avois ſoumis des Empires, il me les arrache. J'ai vaincu pluſieurs fois ceux qui viennent de me vaincre; mais je ſuis en état de me relever encore; Antigonus me fournira des troupes & de l'argent. Je vengerai l'outrage que j'ai reçu des Athéniens, & ce qui m'eſt bien plus doux, je vois ma charmante Lamia, je l'adore, je la poſſède, & je me flatte d'en être aimé. Il faudroit, reprit-elle, inventer de nouveaux termes pour exprimer ce que je ſens pour vous. Aimer, adorer, brûler, languir, ne ſont point comprendre l'ardeur que j'ai pour mon cher Démetrius, ce Démetrius, toujours plus grand que ſa fortune, à quelque degré que ſes vertus la puiſſent faire monter, & dont l'adverſité n'a rien que de noble & de magnanime. Quel bonheur fut le mien quand il me rendit ſon eſclave! Ah, cher Prince, que je ſçai bien goûter l'excès de ma félicité! vous pourriez ſans doute trouver des femmes plus aimables que moi; mais vous ne trouverez jamais de cœur ſi ſenſible que le mien. Où les trouverois-je ces femmes plus aimables que vous, interrompit Démetrius? Puiſque les plus précieuſes faveurs des beautés les plus vantées, n'ont pu me donner d'amour, & que je me ſuis rendu à vos premiers regards.

A ces mots Lamia rendit mille graces à Démetrius d'une préférence qui combloit ſes deſirs; mais, ajouta-t-elle, Seigneur, ne m'apprendrez-vous point vos avantures amoureuſes. La renommée a pris le ſoin de publier vos grandes actions; je les ai toutes gravées dans ma mémoire : ce ſont maintenant vos ſecrets que je voudrois ſavoir. Je ne puis rien vous refuſer, reprit-il, & ſans vous particulariſer tous les égaremens de ma jeuneſſe, je vais vous en donner une légère idée. Pardonnez-les moi, ma chère Lamia, si je vous avois plutôt connu, je n'aurois rien à me reprocher.

Je me défendrois en vain d'être né voluptueux, ma jeunesse n'est qu'un tissu de plaisirs. Antigonus mon père, dont l'amitié n'a point de bornes pour moi, ne m'a point empêché de m'y plonger, & malgré sa sagesse & son âge, il s'est souvent diverti des mêmes choses dont un autre père auroit fait de fortes réprimandes à son fils. Je ne puis passer sous silence un trait qui vous peindra mieux sa bonté que tout ce que je vous en pourrois dire : je m'étois enfermé dans mon appartement pour passer quelques jours dans une entière liberté, je fis dire à Antigonus qu'une fièvre violente me retenoit dans mon lit : allarmé de cette nouvelle, il courut pour me visiter; mais ayant rencontré près de ma chambre une personne dont la jeunesse & la beauté lui furent suspectes, il s'approcha de moi en riant, & me dit : mon fils, tu te portes bien maintenant, car je viens de voir sortir ta fièvre.

Cependant quoiqu'Antigonus ne voulût pas me contraindre, il me fit épouser Phila, pour tâcher à me retirer de cette sorte de vie; mais je respectai sa vertu sans aimer sa personne; l'austérité de ses mœurs

ne

ne s'accorde pas avec le tendre badinage de l'amour. J'essayai donc de trouver ces charmes que je n'ai jamais rencontré qu'en vous, & quoique ce fût toujours en vain, je ne laissai échapper aucune occasion.

Lorsque j'eus rendu la liberté à cette même Athènes qui vient de me refuser un asyle, Cratesipolis, veuve de Poliperchon, me fit sçavoir qu'elle desiroit me connoître; la réputation de beauté qu'avoit cette Dame, me fit courir avec empressement au lieu du rendez-vous. Ce fut une entreprise de jeune homme, tout étoit plein d'ennemis sur les chemins, & je ne menai que les gens nécessaires pour me servir. Je la trouvai près de Patras, sous un pavillon magnifique qu'elle avoit fait dresser dans un agréable vallon; nous pasâmes plusieurs jours ensemble. Elle étoit belle, le séjour étoit délicieux, les parfums, la bonne chère, la Musique, rien ne manquoit pour la volupté; mais rien n'y satisfaisoit mon cœur. Elle répandit des larmes à mon départ, & je la quittai sans regret; mais j'eus bien de la peine à me sauver des Troupes ennemies, qui avoient eu avis d'un voyage que j'avois entrepris comme un étourdi. J'étois étonné moi-même du peu d'effet que Cratesipolis avoit fait dans mon ame; & peu après mon retour j'épousai

Euridice, issue du sang de Miltiade, si précieux aux Athéniens. Ils crurent que c'étoit pour m'attacher à eux par de plus fortes chaînes; mais c'étoit en effet pour goûter de nouveaux délices dans la possession d'une belle femme; mes sens en furent satisfaits, & la liberté me demeura. Il vous étoit réservé de me la faire perdre, divine Lamia; je ne pouvois trouver qu'en vous cet agrément inexpliquable qui brille dans toutes ses actions, cet esprit qui a toujours de nouvelles ressources, cette délicatesse qui n'a rien de fade. Aimons-nous, donnons-nous-en chaque jour mille marques; tâchons à regagner le temps que nous avons été sans nous aimer, & ne m'en faites plus perdre à vous conter des bagatelles qui me rendent criminel auprès de vous. Lamia écoutoit attentivement un discours qui flattoit se tendresse & son amour-propre, & regardant Démetrius comme le plus aimable & le plus grand homme de son temps, elle se trouvoit aussi la personne du monde la plus heureuse, de ne pouvoir douter des sentimens qu'il avoit pour elle; en effet rien ne lui pouvoit être suspect de la part de Démetrius, il falloit qu'elle fût parfaitement aimée, puisqu'un Roi ne pouvoit avoir d'autres raisons que son cœur pour lui en donner de si sensibles témoignages. Il est vrai qu'il ne pouvoit pas goûter avec la même pureté ceux de l'amour de Lamia, l'ambition & l'intérêt pouvoient s'y mêler; mais, qui sçait si cela ne lui donnoit point plus de vivacité ; cette passion, quand elle est violente, se fortifie par les choses mêmes qui pourroient la détruire.

Tandis que les affaires de Démetrius étoient en l'état que nous venons de dire, Seleucus, Roi de Syrie, se détacha des autres successeurs d'Alexandre, & par des raisons de politique, fit demander à Démetrius sa fille Stratonice en mariage ; il l'avoit eue de Phila, sa première femme. La Princesse joignoit à la plus parfaite beauté les graces naïves de la première jeunesse; l'âge de Seleucus étoit disproportionné; mais la fortune présente de Démetrius qui vouloit s'assurer des amis, ne lui permit pas de refuser cette alliance ; il manda à Phila d'amener sa fille près Dorosse où se devoit faire l'entrevue des deux Rois.

Phila avoit une grandeur d'ame qui la mettoit bien au-dessus des petitesses & des jalousies de son sexe. Si les infidélités de son mari l'avoient fait gémir dans le fond de son cœur, elle avoit dédaigné de s'en plaindre ; toujours prête à témoigner le chaste amour qu'elle conſervoit pour ſon époux, elle lui avoit envoyé des vaiſſeaux chargés d'argent, d'étoffes précieuſes, & de rafraîchiſſemens quand elle eut appris ſa défaite; & ſi-tôt qu'elle eut reçu l'ordre de partir, elle ne délibéra pas un moment à lui marquer ſa ſoumiſſion.

Peu après qu'elle fut arrivée, les nôces ſe célébrèrent avec une pompe digne des époux. Seleucus donna un magnifique repas dans ſa tente au milieu de ſon camp; Démetrius le régala à ſon tour dans cette merveilleuſe galerie dont nous avons déjà parlé. Comme il mêloit de la magnificence & de la galanterie à tout, cette fête fut auſſi ſuperbe, & il eut une auſſi bonne Muſique que ſi elle eût été faite au milieu d'Athènes.

Lamia ne ſe montra point à Phila; mais Démetrius voulut qu'elle vît Stratonice. La jeune Princeſſe inſtruite de l'amour de ſon père, fit les plus tendres amitiés à cette femme, & Lamia, qui avoit un tour fort délicat dans l'eſprit, renchérit avec uſure, & donna des louanges ſi fines à la nouvelle Reine, qu'elle ne put s'empêcher d'en avoir de la reconnoiſſance.

Seleucus emmena bientôt ſon épouſe; il en étoit enchanté, & elle lui témoigna un reſpect ſi rempli d'affection, qu'il n'eut pas lieu de croire qu'elle eût aucune répugnance pour lui : elle lui donna même un fils dès la première année de son mariage.

Démetrius apprit alors qu'un homme privé, nommé Lacharés, avoit pris le temps qu'Athènes se déchiroit par une guerre civile, & s'en étoit rendu le tyran. Notre Roi crut l'occasion propre à se venger, en se rendant encore une fois le maître de cette Ville. Il avoit déjà une armée navale aussi formidable que jamais; il la fit approcher du Port, malgré la résistance qu'on lui opposa. Et, après la longueur d'un siège, pendant lequel les habitans se livrèrent aux plus affreuses souffrances, plutôt que de se rendre à lui, il joignit si bien l'art d'un grand Capitaine, à la plus brillante valeur, qu'il entra triomphant dans la superbe Athènes, & eut le plaisir de voir trembler à ses pieds ces ingrats, qui l'ayant autrefois adoré comme un Dieu, l'avoient ensuite traité comme un cruel ennemi.

A peine fut-il dans la Ville, qu'il se fit vêtir de ses ornemens royaux, & faisant commander au peuple de se trouver au Théâtre, il se mit à la place où jouoient d'ordinaire les Acteurs; & là avec une éloquence & une douceur qui lui étoient naturelles, il reprocha aux Athéniens l'infidélité dont ils avoient usé envers lui. Son discours soutenu de la vérité & de la justice, opéra le repentir dans tous les esprits; les larmes commencèrent à couler; on entendit des gémissemens, & on demanda grace de toutes parts, sans espérance de l'obtenir. Les Orateurs qui ne s'employent d'ordinaire qu'à peindre vivement le pouvoir tyrannique des Rois, & les charmes de la liberté, furent les premiers cette fois à proposer de se soumettre; & Démetrius satisfait de l'état où il les avoit réduits, n'en voulut tirer d'autre vengeance que celle de s'en faire admirer. Il leur tendit la main; il leur demanda tout de nouveau leur amitié, il leur promit la sienne, il leur fit faire une prodigieuse distribution de bled & d'argent. Cette libéralité acheva de gagner les cœurs, & causa une telle admiration, que tout retentissoit du nom de Démetrius. Qu'il est beau à un victorieux d'être clément! disoient les uns. Quelle magnanimité! s'écrioient les autres; & tous ensemble avouoient que jamais Héros n'avoit si bien usé de la victoire, que celui qui venoit de leur pardonner.

Il est certain que Démetrius eut de grandes qualités, & des vertus extrêmement brillantes; & que, si l'amour des plaisirs n'avoit pas fait pencher la balance plutôt du côté de l'homme que du demi-Dieu, peu de Héros lui eussent été semblables dans l'antiquité.

Pendant qu'il étoit au Théâtre, Lamia ignorant son dessein, trembloit en attendant le sort de sa patrie; mais mille voix ayant porté jusqu'à elle les louanges de son Amant, elle courut au-devant de lui, & lui donna des louanges auxquelles il ne fut pas insensible. Eh quoi! ma chère Lamia, lui dit-il, après avoir écouté tout ce qu'elle voulut lui dire, eh quoi! avez-vous pu penser que le lieu de votre naissance ne me fût pas sacré? Athènes m'a fait plus de bien en vous donnant le jour, qu'elle ne peut jamais me faire de mal.

Démetrius ayant repris son autorité ordinaire dans cette Ville, il reprit aussi le train de ses plaisirs que la guerre avoit interrompus. Il soupoit un jour avec ses amis & ses maîtresses, & Lamia qui avoit une légère incommodité ne put être de ce repas; mais elle fit préparer mille petites délicatesses pour le fruit, & les envoya avec toutes sortes de liqueurs par des Musiciens & des danseurs déguisés. Ce soin parut si agréable à Démetrius, que trouvant toujours des graces nouvelles aux manières de Lamia, il s'écria qu'elle étoit la plus charmante femme du monde; mais Damo, dont la jalousie ne pouvoit se modérer, lui dit : Seigneur, quand vous voudrez faire pour ma mère ce que vous faites pour Lamia, vous verrez qu'elle ne sera pas moins soigneuse de vous plaire. L'air dont Démetrius reçut ce discours, ne put permettre à Damo de continuer, & ne mit pas l'assemblée de son parti.

Ce Prince cherchant par-tout de la gloire, alla attaquer les Lacédémoniens; il défit leur Roi en bataille rangée. Il fut tout prêt de prendre Sparte, qui ne l'avoit encore jamais été; mais des nouvelles terribles qu'il reçut de plusieurs Provinces, le contraignirent d'abandonner cette conquête, pour aller défendre celles dont il étoit en possession. Rien ne lui réussit : Seleucus, lui-même, (tout son gendre qu'il étoit) lui déclara la guerre. Les augures en furent affreux; & la joie que Démetrius faisoit d'ordinaire éclater le jour d'une bataille, fut changée par ces présages en une sombre tristesse, lorsqu'il fut contraint de combattre Seleucus. Aussi le succès en fut-il si funeste, qu'à peine put-il se sauver avec un petit nombre d'hommes; ce ne fut même que prolonger son malheur. Seleucus l'enveloppa si bien de tous côtés, que

que ce Roi, après avoir occupé long-temps la fortune & la renommée, fut contraint de ſe rendre, & de paſſer le reſte de ſes jours dans une maiſon de plaiſance, où il eſt cependant vrai que Seleucus, à la liberté près, ne lui refuſa rien de tout ce qui peut ſatisfaire les ſens.

Pendant que les choſes ſe paſſoient ainſi, il arriva un mémorable changement dans la fortune de Stratonice. Antiochus ſon beau-fils; Prince très-aimable, devint éperdu d'amour pour elle; mais n'ayant nulle eſpérance, il réſolut de ſe laiſſer mourir, & d'expier par-là une faute qu'il ne pouvoit s'empêcher de commettre. Ce triſte projet penſa avoir de funeſtes ſuites. Antiochus refuſoit tous les alimens, fuyoit tous les plaiſirs, & ſe livroit à un déſeſpoir qui le conſumoit, ſans qu'on en pût connoître la cauſe.

Seleucus aimoit ce Prince avec une tendreſſe, qu'il ne faiſoit partager qu'à la ſeule Stratonice. Les Médecins tâchoient vainement à pénétrer l'origine d'un mal ſi inconnu & ſi opiniâtre; mais Eraſiſtrate qui joignoit beaucoup d'eſprit à la parfaite connoiſſance de ſon art, ne douta plus que le principe n'en fût dans le cœur. Il s'attacha bien plus à examiner les mouvemens d'Antiochus, quand quelque belle perſonne entroit dans ſa chambre, qu'à lui donner des remèdes. Le Roi, & toute la Cour, ne l'abandonnoient preſque pas; l'affliction étoit univerſelle. La belle Reine, cauſe innocente de ſon mal, l'en plaignit avec une douceur charmante, & le Prince, peu ſenſible à la vue de tant d'autres Dames, étoit troublé de telle ſorte, lorſqu'il la voyoit paroître, qu'Eraſiſtrate reconnut en lui les diverſes marques de paſſion, dont Sapho nous a laiſſé une ſi vive peinture.

Cette connoiſſance donna de la joie & de l'embarras à Eraſiſtrate; il ne s'étoit pas trompé dans ſes conjectures; mais il voyoit auſſi la difficulté d'en profiter. Il réſolut toutefois de tout tenter pour ſauver le jour au Prince. Il courut à l'appartement de Seleucus, & lui dit que le mal de ſon fils lui étoit connu; mais que le remède en étoit impoſſible. Le Roi penſa mourir d'affliction à cette nouvelle; ſes tréſors, ſes Etats, ne lui paroiſſoient pas un trop grand prix pour racheter une vie ſi précieuſe. Eſt-il poſſible, lui dit-il, qu'il n'y ait aucun moyen de me rendre mon fils? Quel eſt ce mal biſarre qui ne permet point de remède? Seigneur, lui dit le Médecin, Antiochus aime ma femme. Eh bien! interrompit le Roi, ne pouvez-vous faire un effort courageux pour me prouver votre zèle ? Choisissez tout ce qui peut vous en dédommager. Mais vous, Seigneur, reprit Erasistrate, seriez-vous capable d'en faire autant ? Seleucus étonné de cette réponse, fut un moment sans parler, puis, poussant un profond soupir, il dit : Oui, sans doute, je le ferois, dût-il m'en coûter la vie. Donnez donc la Reine à Antiochus, reprit Erasistrate, il ne peut vivre sans elle.

Le Roi fut frappé d'une nouvelle si étrange ; il aimoit son épouse, il avoit raison de l'aimer ; toutefois la nature l'emporta sur l'amour. Il passa dans l'appartement de son fils, il l'embrassa en répandant des larmes, que plus d'un motif faisoit couler, & lui annonça ce qu'il étoit résolu de faire pour sa guérison. Antiochus mourant de honte & de confusion, & voulant imiter la générosité de son père, se défendit quelque temps de guérir par cette voie. Mais la violence qu'on lui fit pour accepter la belle Reine, lui parut toutefois si douce, que la joie lui rendit aussi-tôt la santé.

Seleucus, pour éviter les périls de la réflexion dans une affaire si délicate, alla dire à Stratonice ce que l'amour paternel le contraignoit de faire en faveur d'Antiochus. La Reine rougit, & fit un peu plus de façon que le Prince pour ſe rendre ; mais enfin, la raiſon ſpécieuſe du bien de l'Etat, lui fournit un moyen de le faire de bonne grace, & on peut juger, ſans que ſa mémoire en ſouffre, qu'une paſſion auſſi ardente & auſſi reſpectueuſe que celle d'Antiochus, trouva du moins de la reconnoiſſance dans ſon cœur, ſi elle fut inſenſible aux qualités aimables de ſa perſonne. Seleucus, en cédant ſon épouſe à ſon fils, lui céda auſſi ſa Couronne, & vécut depuis dans une union parfaite avec les nouveaux mariés.

Ce tendre père n'avoit pas deſſein de laiſſer Démetrius dans une captivité éternelle. Il avoit rejetté les conſeils de Liſimachus, qui lui propoſoit de ſe défaire de cet eſprit remuant. Il vouloit ſeulement lui ôter le deſir des conquêtes par une courte adverſité, & il prétendoit ſe ſervir de la main de Stratonice pour délivrer ſon père. S'il n'exécuta pas ce projet, c'eſt qu'Antiochus & ſa femme, furent long-temps arrêtés dans des Provinces éloignées. Démetrius avoit d'abord ſouffert impatiemment le malheur de ſa captivité, l'éloignement de Lamia ajoutoit infiniment à ſes infortunes; mais ſon courage lui fit prendre ſon parti par l'impoſſibilité qu'il trouva à y apporter du remède, ignorant les intentions de Seleucus ; à la fin, l'habitude lui donna une ſorte de goût pour l'oiſiveté. Il ſe promenoit, il chaſſoit dans le Parc, il paſſoit des jours entiers à table; on lui ſervoit des mets exquis & en abondance; il avoit encore la liberté de goûter d'autres plaiſirs; & ce fameux conquérant s'amuſant à ces molles délices, devint d'une groſſeur prodigieuſe, & fut emporté par une maladie de peu de jours.

Seleucus témoigna beaucoup de déplaiſir que cette mort eût prévenu les effets de ſa généroſité; mais, ne pouvant changer les ordres du deſtin, il fit mettre le corps de Démetrius dans un vaiſſeau, accompagné d'une petite flotte qui compoſoit une pompe funèbre, & qui, pleine d'inſtrumens lugubres, vogua lentement juſqu'au lieu où étoit Antigonus, fils de Démetrius, qui reçut les triſtes reſtes de ſon père, avec le reſpect qui leur étoit dû.

Démetrius n'avoit pas plus de cinquante-cinq ans lorſqu'il mourut; il laiſſa trois femmes, Phila, Euridice, & Déidamie, fille d'Aëcide, Roi des Moloſſes, qu'il avoit épouſée la dernière. Ce Roi, dont la fortune fut ſi brillante, & la fin ſi peu conforme au reſte de ſa vie, auroit peut-être paſſé pour le plus grand homme de l'antiquité si ses foiblesses n'avoient terni ses vertus.

Lorsque Lamia sçut la défaite & la prison de Démetrius, elle se retira à Athènes, sans que nous apprenions des Historiens quel fut le reste de sa vie. Si on en juge sur les apparences, elle dut sentir cette perte avec désespoir; mais comme on ne veut rien avancer ici qui n'ait un fondement véritable, on aime mieux ne pas contenter la curiosité du Lecteur, que d'inventer des mensonges agréables.

DE L'AMOUR.

« POINT d'amitié ſans vertu, dit un Philoſophe du ſiècle; l'union de deux Amans ſans mœurs n'eſt point de l'amour; c'eſt une aſſociation odieuſe qui les fait entrer en commerce de vices, & établit entr'eux une complicité réciproque ».

L'amour eſt ſelon les mœurs, puiſqu'il eſt cette inclination naturelle que les deux ſexes ont l'un pour l'autre; cette affection eſt de l'eſſence humaine, & ne ceſſe d'être un ſentiment légitime, que lorſqu'elle ſe fixe ſur plus d'un objet : cette affection ceſſe totalement, elle n'exiſte plus, dès qu'elle n'eſt point unique.

Il en eſt de l'amour comme du cœur; pour peu qu'il ſoit partagé, il ne ſauroit vivre.

Le penchant pour un ſeul eſt ce qu'on peut nommer amour ; s'il s'étend au-delà, c'eſt le vice.

Il eſt certain, dit le Chancelier Bacon, ou que l'amour ſe paie par l'amour, où qu'il eſt très-mépriſé.

Les premiers charmes de l'amour, & ſon premier caractère, ſont la bonne foi, la paix, l'innocence &

cette douce joie qu'inſpirent les vrais mouvemens de la Nature.

Deux Amans vertueux vivent heureux; & ignorés dans un coin de la terre, ils jouiſſent du plaiſir de s'adorer, ils s'y abandonnent; leurs jours s'écoulent dans la plus chaſte ardeur; ils ne renaiſſent que pour les y trouver: le préſent, en leur rappellant le paſſé, les encourage à s'aimer ſans ceſſe, & ils ne peuvent enviſager dans l'avenir que le même bonheur qui les pénètre aujourd'hui; heureux de vivre pour s'aimer, pour ſe conſacrer tous les momens de la vie, ils ne craignent mutuellement que ce dernier & infaillible inſtant qui doit les ſéparer un jour.

Le terme de l'amour eſt de n'en point avoir (1).

Deux Amans vertueux n'ont beſoin que de leur imagination; elle leur tient lieu de tout; elle remplace tout: cette imagination offre ſans ceſſe à leurs yeux tout ce qui exiſte de plus agréable & de plus charmant dans la Nature; par-tout où ils ſont enſemble, ils ne voient que des parterres émaillés de fleurs,

(1) Racine, Poëme de la Rel. Chant VI, pag. 159.

des

des bosquets toujours verds, des fontaines de cryſtal prodiguant leurs eaux ſous mille formes différentes, des grottes, de riants coteaux, des valons frais & ſombres; par-tout où ils ſont enſemble, ils reſpirent l'air le plus doux, le plus tempéré, l'haleine des zéphirs les rafraîchit ſans ceſſe; le ſéjour le plus ſauvage eſt délicieux pour eux : ils règnent ſur toute la nature; par-tout ils voyent produire aux arbres des fleurs & des fruits en tout temps; ils entendent par-tout les plus doux murmures, les plus beaux ramages, & les accens les plus mélodieux : leur vie eſt un printemps éternel, & de toutes les illuſions de l'humanité, la plus douce & la plus ſenſible. En eſt-il de comparable aux vrais biens d'une telle union? Et pourroit-on nier qu'une telle union, un tel penchant, dont les nœuds ſont toujours indiſſolubles, quand ils ſont chaſtes, ne ſoit l'effet d'un rapport d'humeurs, d'une ſympathie, d'une prévention réciproque, & d'une conformité de goûts, qui le forma, & qui le perpétue?

Telle eſt la puiſſance de l'Amour; il ne montre que des délices, & donne des charmes au chagrin même; il ſoulage, il ſuſpend toute douleur, il diſſipe toute inquiétude.

Qui ne conçoit effectivement que dans une communication perpétuelle de ſes joies & de ſes afflictions, les unes doivent redoubler, & les autres diminuer ou diſparoître, & que l'ame la plus agitée doit ſe calmer & redevenir tranquille à la vue de cet objet qui l'intéreſſe avant tout, & plus que tout?

Les combats, les maux, les ſouffrances de l'Amour, les obſtacles le rendent plus touchant encore; loin que ſes triſtes effets rebutent, il n'en devient que plus intéreſſant par ſes malheurs même: l'abſence, un de ſes plus grands tourmens, ſe tourne en plaiſir par le ſouvenir délicieux que l'on s'aime, & que toute diſtance & le plus grand éloignement ne ſçauroient expoſer au moindre danger.

Oui, les Amans trouvent des plaiſirs inexprimables dans les inquiétudes même qui tourmentent leur eſprit, & on a ſouvent dit, avec raiſon, en parlant de l'Amour, que tous les autres plaiſirs ne valent pas ſes peines.

Les peintures de l'Amour, qui ſont dans certains écrits des Anciens, ſur-tout des Grecs, dont le cœur étoit exceſſivement ſenſible, touchent tous les Peuples; elles ont touché tous les ſiècles, parce que le vrai fait ſon effet dans tous les temps, & ſur toutes les

Nations : ces Peintres trouvent par-tout des cœurs qui ressentent les mouvemens dont elles sont des imitations naïves; ainsi l'amour que les bons Poëtes de la Grèce avoient mis dans leurs Ouvrages, touchoit infiniment les Romains, parce que les Grecs avoient dépeint cette passion avec ses couleurs naturelles.

Qu'on déteste à jamais les Odes de cette Muse de Mytilène, de cette fille plus passionnée & plus désordonnée que tendre, dans lesquelles le seul déréglement des mœurs a peint les symptômes de l'Amour-passion? Qu'on déteste dans les Eglogues de Virgile, l'aveugle fureur & le désespoir amoureux de Gallus? & qu'on abhorre enfin & les débauches d'Anacréon, & les chants faux & dangereux de tous ses foibles & coupables imitateurs.

Les peintures de cette passion qui sont dans les poésies des Romains; nous affectent & nous touchent, comme celles des Poëtes Grecs touchoient les Romains, & comme les nôtres affecteront sans doute les peuples qui nous succéderont. Quoi qu'il en soit, malheureusement de plusieurs de nos meilleurs Auteurs, comme de la plupart des anciens, sans épargner Horace même, qui ne sont que trop souvent plus grossiers & brutaux que libres, dès qu'ils parlent d'amour, & ce n'eſt pas ſans raiſon que la Nature arme contre eux, ſur-tout contre l'infâme volupté du Chantre de Théos, contre l'obſcène liberté de Catulle, & contre les horreurs de Petrone, la plus belle & la plus vertueuſe moitié du monde; ce dernier Auteur ſeroit inimitable par la beauté & la ſublime naïveté de ſes narrations, s'il s'en étoit tenu à ſa Matrone, & à ſon repas de Trimalcion.

Quand l'amour n'eſt pas une vertu, il eſt le plus honteux des vices.

Il vient un temps, diſoit Madame de Maintenon à Louis XIV, où de longs remords ſuccèdent aux courts plaiſirs. Tournez, Sire, vos regards vers les grandes Carmélites, parlant de Madame de la Valière, & voyez comme on s'en punit.

Eſt-il en effet rien de plus grand que la converſion de Madame de la Valière, trente-cinq ans Carmélite ſous le nom de Sœur Louiſe de la Miſéricorde, plus grande aux yeux du Chrétien & du Roi même, ſous le cilice, dans l'humiliation, aux pieds des Autels (1), que lorſqu'aſſiſe à côté du trône, elle voyoit un peuple de flatteurs mendier en tremblant un de

(1) Mémoires de Maintenon.

ſes regards : ſes plaiſirs avoient fait ſes inquiétudes, ſes ſouffrances firent ſa joie. Eſt-il rien de plus grand que cette illuſtre Pénitente, lorſqu'elle apprit par M. Boſſuet la mort de ſon fils, le Comte de Vermandois; faut-il, dit-elle, que je pleure la mort d'un fils dont je n'ai pas encore achevé de pleurer la naiſſance.

L'Amour meut tout ce qui reſpire, il eſt la cauſe première & le grand mobile de tout : il eſt le ſeul charme de la vie, tout reconnoît ſon empire ; l'Amour eſt la voie du cœur, l'expreſſion, le cri de la nature; c'eſt un ſentiment involontaire de l'ame qui nous porte & nous fait tendre naturellement à une union, à une poſſeſſion mutuelle, à un objet qui devient un ſecond nous-même ; mais ce ſentiment ne nous mène que vers un, ſinon le cœur eſt dépravé, & alors ce n'eſt plus de l'Amour. Un véritable amour eſt éternel, la ceſſation de ce ſentiment d'affection, qu'on nomme inconſtance, ſuppoſe qu'on n'a jamais véritablement aimé, & que le cœur eſt vicieux; un cœur exempt de vice, & qui n'eſt que tendre, aime uniquement & toujours un même objet.

« L'Amour, dit l'Auteur des Mœurs (1), eſt une

(1) Panage, première Partie, page 11.

paſſion néceſſaire au genre humain, ſans elle, il retomberoit dans le néant : le goût d'un ſexe pour l'autre, ſert à les perfectionner tous deux : il forme des unions délicieuſes, lorſqu'une raiſon éclairée y préſide & le dirige; guidé par une raiſon dépravée, ce n'eſt plus qu'une fureur aveugle ; ſa fin n'a rien que de conforme au vœu de la nature ; il tend à l'union d'un ſexe avec l'autre, & cette union eſt légitime ; ce n'eſt donc point ce goût qu'il s'agit de réprimer. Vous avez le cœur tendre, ne travaillez point à le rendre inſenſible ; mais fixez votre tendreſſe ſur des objets qui ne vous détournent point de la vertu, ou plutôt n'aimez que ceux qui vous y portent ».

Les deux ſexes ont entre eux une liaiſon ſi forte & ſi naturelle, que le deſir de l'union eſt preſque toujours le germe de l'ame la plus innocente.

Xenocrate, Philoſophe fameux par ſa continence, réſiſta à Phrynée & à Laïs, les plus dangereuſes débauchées de ſon temps ; mais il aima Sidate, parce qu'elle étoit digne de lui.

Ariſtote appelle la femme un monſtre de nature, & cependant Ariſtote offre de l'encens, & ſacrifie à une concubine d'Hermias, qu'il avoit épouſée.

Periclès, l'Oracle d'Athènes, aima éperduement

Menippe; il s'avoua également Difciple d'Afpafie, & convint lui devoir fon éloquence.

Solon, le plus renommé des fept fages, & le Légiflateur de cette République, fut amant d'Orgine, fille d'Amphiclès.

Diotine enfeigna à Socrate cette partie de la Philofophie qui apprend à régler l'amour ; il le dit lui-même dans le banquet de Platon; mais Socrate n'en fut pas moins le Difciple & l'efclave d'Afpafie ; il le fut encore de Timandre, jeune Phrigienne ; & cette dernière paffion excita la plus violente jaloufie de fa femme Myrtho, fille d'Ariftide le jufte.

Alcibiade fut prefque toujours le rival de Socrate ; il aima comme lui Timandre & la lui enleva : il fut l'amant d'Afpafie, femme de Periclès; & fes amours, fi l'on peut nommer ainfi des commerces infâmes, ne finirent que lorfqu'Athènes le profcrivit : il s'attacha pour lors à la Reine de Sparte, chez laquelle il fe retira.

Alexandre céda aux charmes de Statira.

Hercule foupira pour Omphale.

Antoine aima Cléopatre.

Annibal s'enivra de fa paffion dans Capoue.

Appius Claudius le Decemvir, qui avoit mené la

vie la plus ſage, la plus auſtère & la plus retirée, aima ; mais ce fut en Philoſophe, en homme vertueux.

Céſar aima Murcie avant d'épouſer Pompeïa.

Caton d'Utique, que Seneque appelle la vive image des vertus & l'unique modèle d'un homme ſage, fut ſubjugué par Martia, dont il fut idolâtre.

FIN.

AVIS.

Nous donnerons *gratis*, ſous quinzaine, à MM. nos Souſcripteurs, la Gravure de Sa Majeſté notre auguſte REINE, gravé d'après Madame le Brun.

www.ingramcontent.com/pod-product-compliance
Ingram Content Group UK Ltd.
Pitfield, Milton Keynes, MK11 3LW, UK
UKHW022128170726
13837UKWH00003B/1421